냄새란 무엇인가?

민음 바칼로레아 032

냄새란 무엇인가?

피에르 라즐로 ㅣ 부경생 감수 ㅣ 김성희 옮김

민음in

화학적 의사소통의 탐험가이자
솜씨 좋은 암호 해독가,
톰(아이스너)과 제리(마인발트)를 위하여

질문 : 냄새란 무엇인가?

"이게 무슨 냄새야?"

프랑스 작가 레이몽 크노*의 소설 『지하철의 소녀』는 이런 물음으로 시작된다. 주인공 소녀가 삼촌한테 나는 냄새 때문에 투덜거리며 내뱉은 말이다. 그런데 소녀의 이 한마디는 후각에서 핵심적인 문제를 지적한 것이다.

후각과 관련된 다른 질문들도 던져 보자. 궁금증이 꼬리에

● ● ●

레이몽 크노(1903~1976) 프랑스의 시인이자 소설가. 1920년대에 초현실주의에 참여하면서 언어 유희와 블랙 유머, 권위에 대한 조롱 등이 담긴 실험적인 작품 썼다. 그는 작은 카페가 있는 교외, 유원지, 파리의 지하철 등 친근한 배경을 통해 부조리한 세상을 드러내고 있다. 대표적인 작품으로 시집 『참나무와 개』, 『만약에 그대가 생각한다면』과 소설 『엄동』, 『나의 친구 피에로』, 『푸른 꽃』 등이 있다.

꼬리를 물고 이어진다.

냄새란 무엇일까? 좋은 향기와 역겨운 냄새의 차이는 어떻게 생기는 것일까? 후각은 시각이나 청각과 어떻게 다를까? 나중에 자세히 살펴보겠지만, 후각은 공기 중에 있는 아주 미세한 양의 화학 물질도 탐지해 낸다. 그렇다면 수많은 생물들은 후각을 이용해 화학 신호를 주고받으며 의사소통을 하는 것일까? 정말로 후각이 화학적 의사소통을 위한 수단이라면 후각은 암호 같은 것일까? 아니면 언어와 비슷한 것일까? 냄새를 지각하는 것은 일상적인 언어 생활과 어떤 관계일까? 후각은 우리가 이 세상에 대해 머리로 알게 되는 **인지 과정**과 어떤 관련이 있을까? 그리고 후각과 문화의 관계는? 앞에서 소녀가 던진 질문도 빼놓을 수 없다.

"도대체 이게 무슨 냄새야?"

소녀의 이 짧은 물음은 후각에 대해 줄줄이 이어지는 많은 질문들을 함축하고 있다.

후각에 관한 과학은 이제 시작 단계다. 그래서 우리가 후각에 대해 알아낸 지식이 그리 많지는 않지만, 이 책에서는 최신의 연구 성과를 중심으로 후각에 대해 궁금한 점들을 하나씩 풀어 갈 것이다.

1

후각이란
무엇인가?

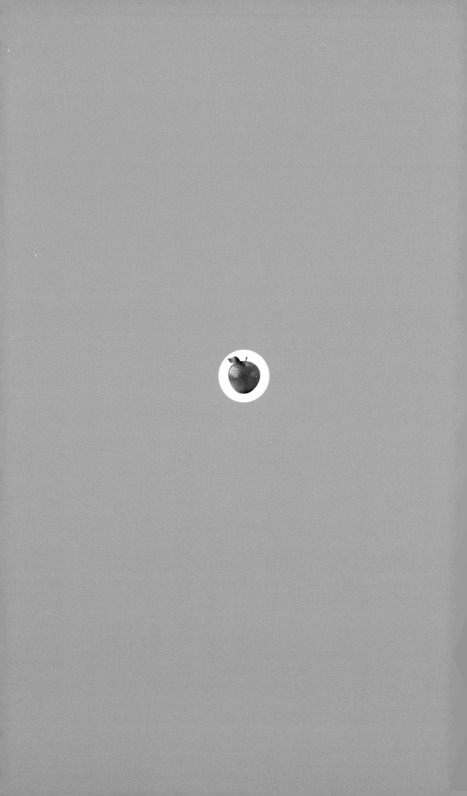

후각은 다른 감각과 어떻게 다른가?

냄새를 맡을 수 있는 능력은 종에 따라 다르다. 가장 흔한 예로 개는 사람이 맡을 수 없는 냄새까지 맡는다. 그리고 같은 종에서도 개체마다 후각이 예민한 정도가 다르다. 예컨대 조금만 냄새가 나도 금방 알아차리는 사람이 있는가 하면, 꽤 진한 냄새인데도 전혀 맡지 못하는 둔한 사람도 있다.

종과 개체에 따라 후각 능력에 다소 차이가 있다고 하더라도 후각은 대단한 감각이다. 눈의 망막˚이 몇 개의 빛 알갱이(광자)만 있어도 자극을 받는 것처럼 감각이 예민한 코(개의 후

● ● ●

망막 빛의 자극을 받아 영상 감각이 시작되는 곳이다. 안구의 뒤쪽 3분의 2를 싸고 있는 신경 조직막으로 이루어져 있다.

각처럼)는 몇 개의 물질 알갱이(**분자**[*] 또는 **냄새 분자**)만 있어도 냄새를 맡을 수 있다.

또한 후각은 시각이나 청각처럼 서로 다른 것들을 잘 구별한다. 예를 들어, 틀린 그림 찾기를 할 때 시각은 매우 비슷한 두 그림을 비교해 서로 다른 부분을 찾아낸다. 마찬가지로 후각도 이런 능력을 가지고 있다.

우리는 색깔이 비슷한 차를 마실 때 냄새를 맡아 보고 캐모마일 차인지 라임 차인지를 금방 알아낸다. 또 비슷한 꽃이라도 향기를 맡으면 등나무 꽃인지 인동덩굴 꽃인지 구별할 수 있다. 포도주 한 잔을 마실 때에도 마찬가지이다. 포도주의 독특한 향을 맡으면, 보르도산인지 부르고뉴산인지를 알 수 있다.

포도주 향으로 생산지를 알아낼 수 있는 것은 후각의 중요한 특징을 보여 준다. 즉, 후각은 청각처럼 학습에 따른 분석을 할 줄 안다는 것이다. 우리가 제비꽃 향을 맡고 부르고뉴산 포도주라는 것을 알았다고 하면 이것은 부르고뉴산 포도주가 제비꽃 향이 난다는 사실을 이미 배워서 알고 있음을 뜻한다.

● ● ●

분자 순수한 화합물의 특성을 유지하는 가장 작은 입자이다. 원자들이 모여 이루어진다.

그렇다고 해서 후각이 청각과 절대적으로 비슷하다고 결론 짓는 것은 성급한 일이다. 후각은 종합적으로 감지한다는 점에서는 오히려 시각과 가깝다. 눈은 서로 비슷한 색의 특징들을 통합해 하나의 전체적인 모습을 끌어낸다.(인상주의* 화가의 그림을 보면 알 수 있다.) 후각 역시 우선은 전체적인 냄새를 감지한다. 그러고 나서 경험으로 배운 사실에 근거해 냄새의 성분들을 분석한다.

예를 들어 우리가 어떤 향기를 맡게 되면, 일단은 전체적인 하나의 냄새로 느낀다. 그 다음, 냄새에 섞여 있는 이런저런 향을 구별해 낸다. 이때 비로소 우리는 하나의 냄새를 이루고 있는 것들이 은방울꽃의 향기인지 '샤넬 No.5'의 향기인지를 알게 된다.

코도 눈이나 귀와 마찬가지로 냄새 맡은 것을 기억에 남긴다. 누구나 냄새와 관련된 추억들을 가지고 있는 것도 그 때문이다. 사실 냄새와 관련된 추억이란 후각의 쾌락적인 면을 강조하는 것이기도 하다.

● ● ●

인상주의 19세기 말과 20세기 초에 프랑스에서 전개된 예술 운동으로 회화에서 시작되어 음악으로까지 확산되었다. 빛과 색채의 순간적 효과를 이용해 눈에 보이는 세계를 객관적으로 정확하게 묘사하려 했다.

좋은 냄새는 기분을 좋게 만든다. 그래서 사람들은 좋은 냄새가 주는 느낌을 즐기고 싶어 한다. 일부러 좋은 냄새를 찾아 다니는 경우가 얼마나 많은가? 비싼 가격에도 꾸준히 향수가 팔리고, 향기로운 냄새로 마음의 평화를 가져다주는 향기 요법이 인기를 끄는 이유가 다 여기에 있다.

이와 반대로 역겨운 악취는 혐오감을 불러일으킨다. 특히 상한 음식에서 풍기는 악취는 비위를 거슬리게 하여 먹던 음식까지 내뱉게 만든다. 이는 목숨을 지키기 위해 상한 음식을 먹지 않도록 발달된, 진화론적인 특징인 것 같기도 하다. 참고로 말하면, 코는 직접 맡는 냄새뿐만 아니라 입을 통해 맡는 냄새에도 민감하다. 따라서 음식을 먹을 때 느끼는 맛의 일부는 냄새로 인한 것이다. 즉, 우리는 코로도 맛을 본다고 할 수 있다.

마지막으로, 후각의 특징으로 포화성을 들 수 있다. 아무리 강한 냄새라도 어느 정도 시간이 지나면 우리의 후각은 그 냄새를 잘 맡지 못한다. 코 안에 있는 수용체가 일정한 시간이 흐른 뒤에는 그 냄새에 대한 정보를 더 이상 뇌로 보내지 않기 때문이다. 그래서 포도주 감별사(소믈리에)는 맛을 보는 사이사이 물로 입 안을 헹궈 포도주 향이 남아 있지 않게 한다.

냄새도 기억을 남길까?

우리는 흔히 어떤 장소를 냄새와 함께 기억한다. 프루스트˚의 소설 『잃어버린 시간을 찾아서』의 주인공 마르셀은 홍차에 적신 마들렌 과자의 향기를 맡고 어린 시절의 추억이 어린 장소를 떠올리게 된다.˚

이처럼 냄새로 장소를 기억하는 것이 생존을 위한 필수 조건이었던 때도 있었다. 구석기 시대 우리 조상들에게는 냄새가 일종의 지도이자 네비게이션이었다는 가설이 있다. 그들은 사냥을 하고 과일을 따다가 집으로 돌아올 때 방향을 알려 주는 아무런 도구가 없는 상황에서 냄새를 따라 움직였던 것 같다.

그렇다면 냄새에 근거한 지도를 만들 수도 있겠다. 여행사들은 이미 어떤 의미에서 '냄새 지도'를 활용하고 있다. 여행 팸플릿을 보고 있으면 이국적인 향기가 물씬 느껴지니 말이다.

● ● ●

마르셀 프루스트(1871~1922) 프랑스의 소설가. 1919년 대표작 『잃어버린 시간을 찾아서』로 콩쿠르 상을 받았다. 프루스트는 '의식의 흐름'이라는 기법으로 20세기 소설의 새로운 지평을 열었다는 평가를 받고 있다.
프루스트 현상 특정한 냄새에 이끌려 그 냄새와 관련된 사실을 기억해 내는 일을 말한다.

하지만 냄새에 대한 구체적인 자료들은 아직 턱없이 부족하다. 브르타뉴의 숲과 샤르트르의 숲에서 나는 향기는 과연 같을까? 그렇지는 않을 것이다.

최근에 나는 아시아에 살고 있는 한 친구와 냄새에 관한 이야기를 나눈 적이 있다. 그 친구는 프랑스를 떠올릴 때면 몇몇 냄새들이 특히 그리워진다고 했다. 가을이면 프랑스의 작은 숲에서 맡을 수 있는 눅눅한 나무 냄새, 에디트 피아프˚가 사람들의 기억 속에 영원히 남게 만든 뜨거운 모래 냄새, 앵 지방에 있는 고향 집의 친근한 냄새 같은 것 말이다.

남달리 예민한 후각을 가진 이 친구는 싱가포르에서 발견한 어떤 냄새로 인해 아시아에 대한 애정이 더욱 깊어졌다고 한다. 그가 처음 한 달간 머물렀던 집에는 부처를 모시는 제단이 있었다고 한다. 매일 아침 그 제단에서는 은은한 향 냄새가 피어 올라 그의 단잠을 깨웠고, 왠지 마음을 차분히 가라앉히는 그 향기는 낯선 곳에서 시작하는 하루하루에 정겨움을 더해 주었다.

● ● ●

에디트 피아프(1915~1963) 프랑스의 샹송 가수. 그녀가 부른 「나의 병사님」이라는 노래에 '뜨거운 모래 같은 좋은 냄새가 났어요.' 라는 가사가 나온다.

싱가포르는 대기를 감싸고 있는 적도 지방의 열기 때문에 온갖 냄새가 한층 더 짙어지는 곳이다. 어디를 가도 훅훅 덮쳐 오는 냄새들이 강렬한 인상을 남긴다. 그래서인지 싱가포르에 대한 내 친구의 소중한 추억 중에는 냄새와 관련된 것이 또 하나 있다. 그것은 인도 타운이나 차이나타운 거리에 즐비한 작은 진열대 위의 요리에서 풍기던 군침 도는 냄새에 대한 추억이다.

향이나 중국 요리 같은 것은 아시아에서는 어딜 가든지 쉽게 볼 수 있는 것들이다. 하지만 나라마다 도시마다 미묘하게 다른 특유의 향기를 가지고 있다. 또 지역마다 사람들이 좋아하는 냄새도 각기 다르다.

가령 베트남 사람들은 그린 파파야 향기를 좋아한다.(이런 제목을 가진 베트남 영화도 있다.) 중국 사람들은 아침에 맡는 우롱차의 향긋한 냄새를 무척 좋아한다. 이 우롱차 향은 다른 나라에서는 흉내낼 수 없는 그야말로 중국적인 냄새다. 그래서 인지 중국에서는 세탁소에만 가도 우롱차 향이 진동한다. 유럽의 세탁소와는 사뭇 다른 분위기이다.

반면 중국 사람들은 프랑스 사람들이 좋아하는 라벤더 향을 아주 싫어한다. 영국 사람들은 그 냄새가 좋아서 야단인데 말이다. 또 영국 사람들은 파출리* 향도 좋아한다. 이것은 인도를

식민지로 거느리던 시절에 대한 추억 때문인지도 모르겠다.

나도 어떤 냄새를 맡으면 떠오르는 추억들이 있다. 예를 들어 향 냄새를 맡으면 도쿄 아사쿠사 신사 앞에서 보았던 거대한 향로가 생각난다. 그리고 향로에서 피어나는 향 연기를 온몸에 쐬며 몸을 정갈히 하는 의식을 치르던 신도들의 모습이 떠오른다. 아시아에 대한 그리움이 물씬 솟구치게 만드는 그림 같은 풍경이다.

냄새는 지리적인 차원뿐만 아니라 심리적인 차원에서도 나침반 기능을 한다. 여러 곳에서 풍기는 냄새에 대한 추억들을 모아 놓으면, 마치 그곳에서 찍은 사진들을 모아 놓은 앨범과 비슷할 것이다. 이처럼 냄새에 대한 추억은 흘러가는 시간을 그때그때 붙잡아 우리의 기억 속에 강한 인상을 남긴다. 마치 망각이라는 아련한 안개 사이로 문득문득 비치는 햇살의 반짝거림처럼 말이다.

● ● ●

파출리 인도가 원산지인 허브 식물이다. 은은하고 상쾌한 흙 냄새가 난다.

2

냄새란 무엇인가?

어떻게 냄새를 맡을까?

과연 냄새는 어떻게 맡게 되는 것일까? 간단해 보이는 질문이지만, 어떤 관점으로 보느냐에 따라 여러 가지 답이 나올 수 있다.

가령 "폴은 발 냄새가 심하다."라고 했을 때 냄새가 나는 물체는 폴의 발이다. 다시 말해, 폴의 발이 내놓은 매우 작은 물질 알갱이가 코를 자극하여 냄새를 전달하는 것이다. 여기에서 발과 코 사이에서 매개체 역할을 하는 작은 물질 알갱이는 특정한 분자이다.

폴의 발에서 나온 분자는 콧구멍 안에 있는 한 공간에 이른다. 방처럼 된 이 공간은 은행 금고나 우체국 사서함과 비슷하게 생겼다. 방의 벽은 아주 많은 칸으로 나뉘어 있고, 각 칸마

🍎 다 서로 다른 **수용체***(후각 수용체)들이 있다. 이때 이 수용체들은 서로 다른 모양으로 생긴 자물쇠이고 냄새 분자들은 열쇠라 할 수 있다. 왜냐하면 금고나 사서함을 거기에 맞는 열쇠로 여는 것처럼 냄새 분자들도 자기한테 맞는 수용체 칸을 찾아가기 때문이다.

이렇게 열쇠 역할을 하는 냄새 분자가 자물쇠 역할을 하는 수용체를 찾아 들어간 순간, 화학적인 변화들이 연달아 일어나기 시작한다. 우선 콧구멍에 분포되어 있는 냄새 감각 신경 세포에서 전기 신호가 발생한다. 그리고 이 신호가 뇌로 가서 정보를 전달하면, 뇌는 그것을 분석해 어떤 냄새인지 판단한다. 그 결과 우리는 냄새를 맡을 수 있을 뿐만 아니라 그것이 무슨 냄새인지 구체적으로 알 수 있는 것이다.

방금 말한 각 단계들을 좀 더 정확하게 다시 한 번 짚어 보자. 처음에 발 냄새가 났을 때, 폴의 발은 고약한 냄새가 나는 수많은 분자를 공기 중에 내놓고 있는 상태다. 일단 그 분자들

● ● ●

수용체 세포에 있는 여러 가지 유형의 단백질로 세포 밖에서 오는 호르몬이나 영양분 등과 결합하여 세포 내부로 신호를 보낸다. 세포는 이 신호를 받고 적절한 반응을 시작한다. 이들 수용체는 각자 자기에게 맞는 특정한 화합물하고만 결합한다.

이 모두 같은 원자로만 구성된 화합물 C라고 가정해 보자. 폴의 냄새 나는 발은 10조 내지 100조 개의 C를 내놓을 수도 있다. 이때 C가 휘발성이 강한 분자라면 주변 공기 속으로 빠르게 퍼져 나간다. 그런데 개처럼 **후각**이 예민한 동물은 C가 아주 조금만 있어도, 심지어는 하나만 있어도 냄새를 맡을 수 있다.

후각이 C를 감지하려면, 공기 중에서 돌아다니던 C가 콧구멍으로 들어가(전체 C 중에서 10억 개만 들어간다고 치자.) 콧구멍 내부를 덮고 있는 점액(콧물)에 녹아야 한다. 그리고 앞에서 말한 수용체로 가득 차 있는 금고로 가야 한다.

금고에는 아주 작은 수용체들이 셀 수 없이 많이 들어 있다. 일반적으로 개는 2억 2000만 개의 수용체를, 사람은 약 500만 개의 수용체를 가지고 있다. 수용체의 종류도 천여 가지나 되며, 이들은 각각 자기에게 맞는 냄새 분자하고만 반응한다. 마치 열쇠가 자기에게 맞는 하나의 자물쇠만 여는 것처럼 냄새 분자들도 자기에게 맞는 수용체를 찾아 들어가는 것이다.

그럼 이제 우리가 냄새를 맡는 과정을 요약해 보자. 일단 기체 상태의 분자, 즉 공기 중에서 떠다닐 수 있는 분자들이 냄새를 콧속으로 실어 나른다. 그리고 그 분자들은 콧구멍 안에서 자신들에게 꼭 맞는 장소를 찾아 들어간다. 이때의 결합은 각

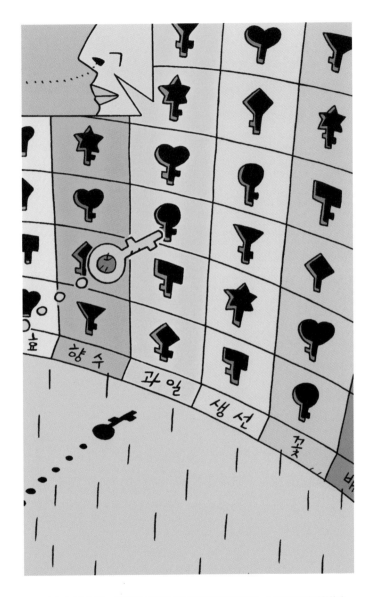

열쇠가 자기에게 맞는 자물쇠만 열듯이 냄새 분자도 자기에게 맞는 수용체하고만 결합한다

각의 냄새 분자마다 서로 다른 고유한 방식으로 이루어진다. 이를테면, 은방울꽃 냄새와 재스민 냄새를 내는 분자들은 모차르트의 음악과 쇼팽의 음악이 서로 다른 것처럼 그 구성이 다르다. 이들은 각기 서로 다른 분자로 이루어져 있기 때문에 서로 다른 수용체와 결합한다.

이런 면에서 볼 때, 분자는 냄새 배달부라고 할 수 있다. 하지만 주의할 점은, 우리가 냄새를 맡는 과정이 근본적으로 불균형하다는 것이다. 즉, 우리는 모든 분자의 냄새를 균형 있게 감지하고 인지할 수 없다.

우리가 맡는 온갖 냄새를 실어 나르는 분자들은 수많은 원자들이 서로 다른 모습으로 결합되어 이루어진 것이다. 따라서 그 구성에서도 다양한 차이를 보인다. 그런데 우리는 모든 냄새를 하나의 사물과 그 이름에 연결하도록 배워 왔다.(이에 대해서는 나중에 좀 더 자세히 알아볼 것이다.) 그래서 우리는 콧속을 자극하는 하나의 분자만으로도 자연에서 볼 수 있는 어떤 사물의 냄새를 떠올리게 된다. 그 분자가 자연 물질이 아니라 연구실에서 만든 인공 물질이라고 해도 똑같은 반응을 한다. 말하자면, 우리의 코가 속아 넘어가는 것이다.

예를 들어 에틸-2-메틸부틸레이트(이런 고약한 이름밖에 가질 수 없다니 유감스럽다.)는 사과 냄새를, 헥사날은 물오른 풀을 막 베었을 때 풍기는 싱그러운 냄새를 낸다. 그런데 이런 식으로 냄새를 낼 수 있는 인공 물질들을 일일이 분석해 보면, 하나의 냄새를 내기 위해 수십 가지의 화합물들이 작용하고 있다는 것을 알 수 있다.

앞에서 말했지만, 여기에서 한 번 더 짚고 넘어가야 할 중요한 사항이 있다. 수용체의 종류가 무려 천여 가지나 된다는 점이다. 냄새의 원인이 되는 분자를 받아들이는 수용체가 이처럼 다양하다는 사실은 하나의 가능성을 암시한다. 바로 냄새가 온갖 정보를 구별해 전달하는 언어의 역할을 할 수 있다는 것이다. 다시 말해 후각은 화학적 의사소통의 한 영역이 될 수도 있다. 예컨대, 단세포 생물인 세균에서부터 꽃에서 꿀을 모으는 꿀벌과 나비, 자기가 태어난 강으로 다시 찾아오는 연어, 그리고 사냥개에 이르기까지 아주 다양한 생물들이 실제로 냄새로 의사소통을 하고 있다.

냄새가 언어와 비슷할까?

후각이 의사소통의 수단이라면, 언어라는 의사소통 수단과는 어떤 관계가 있을까?

꼭 화학자나 생물학자가 되기 위해 공부를 하지 않더라도 우리는 일상적인 경험을 통해 후각과 냄새에 대해 많은 것을 알 수 있다. 이를테면, 냄새로 사람을 구분할 수 있다는 사실 정도는 자연스럽게 깨닫게 된다. 사람들은 저마다 고유한 냄새를 풍기고 있고, 그 냄새는 일종의 신분증 역할을 하기도 한다.

그런데 여기서 잠깐 프랑스어의 한 동사로 화제를 돌려 보자. 프랑스어에서는 냄새가 난다고 할 때 동사 '상티르(sentir)'를 사용한다. 그런데 이 말에는 '느끼다'라는 뜻 외에도 여러 가지 의미가 있다.

우선 '상티르'는 감각적이거나 감정적인 온갖 종류의 지각에 적용된다. 물론 다른 감각 기관들에 대한 표현도 '상티르'처럼 일반화된 의미로 사용될 수 있다. 영어에서 'I see(나는 본다.)'라는 표현이 '알겠다'라는 의미로도 사용되는 것처럼 말이다. 어쨌든 '느끼다'라는 동사의 중요한 속성에는 '지각하여 알게 되다'라는 의미가 있음을 기억해 두자.

그런데 '느끼다'라는 뜻을 가진 '상티르'는 오감 중에서 후각만을 뜻한다. 그렇다면 우리가 느끼는 감각 중에서 후각이 가장 우위에 있다는 의미일까? 사실 인간에게 후각은 최초의 경험이라 할 수 있다. 왜냐하면 아직 시각이 채 발달되지 않은 갓난아기들은 냄새로 엄마와 다른 사람들을 구분하기 때문이다. 그런 점에서 볼 때 후각이 제일 우위를 차지한다는 것은 어느 정도 설득력이 있다.

프랑스어의 '상티르'와 영어의 '스멜(smell)'은 특이하게도 모두 자동사도 되고 타동사도 된다. 즉, '냄새가 나다.'라는 말은 양면적인 표현이다. 예를 들어 '사과 냄새가 난다.'라고 했을 때, 이는 주위에서 사과 냄새를 맡았다는 뜻일 수도 있고, 자기 몸에서 사과 냄새가 나고 있다는 뜻일 수도 있다.

그런데 후각을 통해 표현되는 말들 중에는 다음 대화처럼 반감을 나타내는 것들도 있다.

"그건 냄새도 맡기 싫어."

"그런 냄새가 나면 가만히 안 둘 거야."

"내 앞에서 그런 건 냄새도 풍기지 마."

극단적인 인종차별주의자들은 자신이 배척하는 인종에게서 나쁜 냄새가 난다고 이야기한다. 이처럼 어떤 것이 풍기는 냄새를 참을 수 없다는 것은 그것에 대한 심리적인 거부감을 상징한다. '역겨운 인간'이라는 말 역시 그런 심리적인 거부감에서 비롯된 표현이다.

그렇다면 '느끼다'라는 동사가 의미하는 첫 번째는 어떤 감각적인 지각을 나타내는 것이고, 두 번째는 심리적인 의미를 전달하는 것이라고 할 수 있다. 그리고 여기에 더해, 후각과 인지 과정 사이의 관계를 가르쳐 주는 세 번째 의미도 있다. 예를 들어 '냄새를 맡다.' 라는 표현은 '낌새를 채다.' 혹은 '알아차리다' 라는 의미로 사용할 수도 있다.

그런데 앞에서 우리는 냄새 수용체의 종류가 수천 가지라는 사실에서 냄새를 언어로 사용할 수 있는 가능성을 보았다. 이제 그 사실에 대해 다시 한 번 질문을 던져 보자. 정말 냄새는 언어가 될 수 있을까?

이에 대한 답을 구하려면 두 가지 측면을 살펴보아야 한다. 첫 번째는 냄새가 날 때 냄새의 원인이 되는 분자, 즉 물질적인 측면을 고려하는 것이다. 두 번째는 냄새 분자가 코의 수용체와 결합해 신호를 보내면, 뇌가 이 후각적인 정보를 어떻게 파악하는지를 고려하는 것이다.

우선 냄새를 내는 분자들에 대해 알아보자. 앞에서 말했듯이 모든 냄새에는 수많은 분자들이 들어 있다. 따라서 대부분의 냄새는 서로가 뚜렷하게 구분되는 복잡한 성질을 띤다. 예를 들어 포도주 향과 커피 향만 해도 그 안에는 서로 다른 백여 가지의 화학 성분이 들어 있다.

언어도 마찬가지다. 서로 다른 음절로 이루어진 단어는 서로 다른 뜻을 나타낸다. 그렇다면 향기란 단어와 같은 것이고, 향기의 성분들은 음절에 해당한다고 볼 수 있겠다. 그리고 코의 역할은 냄새가 나는 음절들로 향기를 짜 맞추는 것이다. 어쩌면 수많은 분자들로 향기를 짜 맞추는 일이야말로, 음절들로 한 편의 시를 짜 맞추는 것처럼 까다로우면서도 독특한 작업이 아닐까?

그럼 이제, 뇌의 역할을 고려하는 두 번째 방식으로 설명해 보자. 우리 머릿속에는 오로지 냄새로만 이루어진 개념은 존재하지 않는다. 일단 지각되고 기억된 모든 냄새는 어떤 이미지와 연결되고, 대부분 그 이미지를 표현하는 언어와 결부되기 마련이다. 그래서 우리가 어떤 냄새를 맡게 되면, 머릿속에 이런 생각들이 떠오른다.

'뭔가 타는 냄새가 나는데.' (우리는 타는 냄새가 나면 위험 신호로 받아들이고 일단 경계하도록 배운다.)

'버터 냄새랑 소시지 냄새가 좋은 걸. 저 샌드위치로 주문해야지.'

'이 집은 고약한 치즈 냄새가 나잖아.'

언어와 관련된 이런 몇 가지 기본 현상을 관찰하면, 후각적인 지각과 인지 과정은 분리될 수 없는 것이라는 결론을 내리게 된다. 사실 후각만이 아니라 모든 지각은 그 지각 대상을 언어적이거나 기호적인 이미지에 재빨리 결부시키는 개념화 과정을 수반한다. 이는 해부학적으로도 확인이 된 사실이다. 냄새 감각 신경 세포가 기억과 감정, 인지와 관련된 뇌의 영역(대뇌 피질,* 해마,* 편도체*)에 연결되어 있음이 밝혀졌다. 어떻게 보면, 모든 냄새는 생각에 불을 당기는 작은 불씨와도 같다.

음식 냄새는 어떻게 식욕을 돋우는가?

코는 맛있는 음식을 먹는 기쁨을 한층 더 키워 준다. 냄새를 맡는 것은 먹는 행위를 즐겁게 만들고, 심지어는 벅찬 행복감을 느끼게도 한다. 라블레*의 작품에 등장하는 한 인물은 고깃집 앞에서 고기 굽는 냄새를 맡으며 빵을 먹었다고 한다. 그는 자글자글 구워지는 고기의 기름지고 고소한 냄새가 빵 맛을 돋

● ● ●

대뇌 피질 대뇌 표면의 회백질로 이루어진 부분을 말한다. 대뇌 피질에는 수많은 신경 세포가 분포하고 있으며 영역별로 운동이나 감각에 관여한다.

해마 뇌에서 주로 기억을 담당하는 부분이다.

편도체 뇌에서 사회적 상호 작용과 감정적 반응을 담당하는 부분이다. 사람을 만났을 때 상대방의 얼굴을 알아보고, 얼굴 표정을 읽는 역할 등을 한다.

라블레(1483~1553) 프랑스의 작가이자 의사이다. 프랑스 르네상스의 최대 걸작인 『가르강튀아와 팡타그뤼엘 이야기』를 썼다. 몽테뉴와 함께 16세기 프랑스 문학의 대표적인 작가이며, 영국의 셰익스피어와 에스파냐의 세르반테스에 견줄 만한 작가로 평가받고 있다.

운다는 사실을 알고 있었던 것이다.

이처럼 고기를 굽는 냄새만이 우리를 자극하는 것은 아니다. 빵집에서 풍기는 갓 구운 빵 냄새, 하루의 시작을 알리는 향긋한 커피 냄새, 소시지를 자를 때 나는 고소한 냄새, 달콤한 핫케이크 냄새 같은 것들도 우리 마음을 동하게 만든다.

그런데 떠올리기만 해도 입에 침이 고이는 이런 냄새들은 어떻게 생겨나는 것일까? 그 답은 마이야르*의 발견에서 찾을 수 있다. 마이야르는 음식물의 당과 아미노산(단백질을 분해했을 때 생긴다.)이 조리 과정에서 열을 받으면 서로 결합한다는 사실을 알아냈다. 이 과정에서 독특한 향기가 나는 휘발성 화합물이 생기는 것을 **마이야르 반응**이라 한다. 그리고 이때 생긴 휘발성 화합물이 요리할 때 맛있는 냄새를 내는 것이다.

당분이 열을 받아 캐러멜화 반응을 일으킬 때도 휘발성 화합물이 만들어진다. 이런 캐러멜화 반응은 중합 반응의 일종이

● ● ●

루이 카밀 마이야르(1878~1936) 프랑스의 생화학자. 1912년에 당과 아미노기 화합물 사이의 반응인 '마이야르 반응'을 발견하여 보고했다. 음식을 조리하는 과정에서 일어나면 바람직하지만, 음식을 저장하는 이 반응은 과정에서 일어나면 품질을 떨어뜨린다. 그리고 마이야르 반응이 체내에서 일어나면 건강에 해로운 영향을 끼친다.

다. 여기에서 **중합 반응**이란 진주 목걸이에 진주알이 연결되는 것처럼 당분들이 줄줄이 결합하는 것을 말한다. 빵을 구우면 색깔이 노르스름하게 변하면서 맛있는 냄새가 나는 것도 바로 이런 반응 덕분이다.

다른 향들과 마찬가지로, 맛있는 요리의 향에도 여러 가지 냄새가 섞여 있다. 반복해서 말하지만 음절이 모여 단어가 되는 것처럼 분자들이 모여 향기를 만들기 때문이다.

향기는 냄새 분자라는 수십 송이 내지 수백 송이의 다양한 꽃들로 만든 꽃다발과도 같다. 예를 들어, 송로버섯의 향에는 안드로스테논*만 들어 있는 게 아니라, 다른 성분들도 들어 있다. 최소한으로 잡아도 40여 가지는 된다. 따라서 송로버섯의 향에 대해 정확하게 말하려고 하면 다음과 같은 긴 설명이 필요하다.

"나무버섯 냄새에 약간 달콤한 느낌이 감돌고, 코코아 같기도 하고 초콜릿 같기도 한 향이 살짝 지나가면서, 마늘과 치즈 냄새가 나는 듯도 하고, 거기에 허브 향이 살짝 스친 듯하다."

●　●　●

안드로스테논 암퇘지를 성적으로 유인하는 물질. 남성호르몬이 피부에 살고 있는 세균과 만나 반응할 때 생긴다. 겨드랑이 냄새의 원인이다.

그런데 음식이나 요리에서 나는 냄새들 중에 어떤 것들은 단순하다. 물론 어디까지나 다른 냄새들에 비해 상대적으로 단순하다는 말이다.

양파를 막 잘랐을 때 나는 냄새에는 눈물이 나게 하는 성분이 들어 있다. 이것은 알리인*이라는 화합물로 마늘에도 들어 있다. 일본 과학자들의 연구에 따르면, 양파 세포는 어떤 효소의 작용으로 알리인을 만든다고 한다. 양파를 자르면 알리네이스라는 효소가 나타나는데, 이 효소가 바로 알리인을 휘발성인 알리신으로 바꾸는 역할을 한다.

이제 알리네이스를 찾아낸 이상, 양파가 자신을 보호하려고 갖춘 무기인 알리인을 유전 공학 기술로 제거할 수도 있을 것이다. 그렇게 되면 특유의 향기는 여전하면서도 눈물이 나게 하지 않는 양파를 조만간 슈퍼마켓에서 살 수 있을지도 모른다.

'냄새 분자로 만든 꽃다발'이라는 표현에 가장 잘 어울리는 예는 아마도 포도주 향일 것이다. 프랑스 코트뒤론 지방에서 생산되는 같은 이름의 포도주는 서로 다른 백여 가지의 분자들

● ● ●

알리인 단백질의 한 성분으로 효소인 알리네이스를 만나면 알리신으로 변한다. 알리신은 휘발성이 커서 특유의 냄새를 풍긴다.

로 이루어져 있다. 그중에는 꽃향기에서 찾아볼 수 있는 냄새 분자들이 다수 포함되어 있다. 따라서 이 포도주에서 까치밥나무 열매 냄새나 제비꽃과 같은 여러 가지 꽃들의 향기가 난다고 하는 것은 당연한 일이다.

작가 샤파즈*는 「포도나무의 노래」에서 여러 향이 섞여 있는 포도주에 대해 이렇게 쓰고 있다.

"…… 외딴 오두막에서 은은히 배어나는 순한 초록빛 향기가 달콤하고 부드럽게 깔려 있다. 또 청포도 향과 물푸레나무 향이 묘하게 뒤섞여 있는 듯도 하고, 포도 농장에 깔린 자갈 냄새도 난다. 먹음직스럽게 잘 익은 과육에서만 느낄 수 있는 강렬하고 풍요로우며 지혜로운 독특한 향기."

음식 냄새 가운데에는 식욕을 돋우기는커녕 빼앗아 가는 것들도 있다. 이것은 교육이나 문화와 관계가 깊다. 우리가 말을 배우는 것처럼 후각적인 취향도 교육과 문화를 통해 다듬어지기 때문이다. 그래서인지 냄새에 대한 취향은 놀라울 만큼 문

● ● ●

모리스 샤파즈(1916~) 스위스 작가로서, 특히 시인으로 왕성한 활동을 하고 있다. 「아름다운 봄날」과 같은 작품은 프랑스의 대표적 시인 중 한 사람인 폴 엘뤼 아르로부터 높은 평가를 받았고, 그랑프리 실러와 같은 권위 있는 문학상을 다수 수상했다.

화의 영향이 크다.

앵글로색슨계 사람들은 대부분 내장 요리 냄새를 몹시 싫어한다. 하지만 많은 프랑스 사람들은 그 냄새를 좋아한다. 이처럼 한 나라에서는 먹음직스러운 냄새가 다른 나라에서는 역겹게 여겨질 수도 있다. 몇 가지 예를 들어 보겠다.

고대 로마인들은 상한 생선을 요리에 사용했다. 생선을 발효시켜서 만든 '가룸'이라는 조미료가 바로 그것이다. 가룸은 강한 냄새와 짠 맛이 특징이다. 이탈리아식 멸치 젓갈인 안초비°도 이 가룸에서 유래한 것이다. 그런데 안초비는 누구나 좋아할 만한 그런 맛은 아니다.

마찬가지로, 스웨덴 사람들은 소금에 절여 발효시킨 청어를 좋아해서 거의 주식처럼 먹는다. 일부 사람들의 말을 빌면, 발효시킨 청어에서는 썩은 계란이나 화장실에서 풍기는 강렬하고 역겨운 냄새가 난다고 한다. 그런데 스웨덴 사람들은 이것을 약간의 감자와 잘게 썬 양파, 삶은 계란과 함께 빵 사이에 끼워 먹는다고 한다. 하지만 다른 나라 사람들은 대개 그런 음

● ● ● ●

안초비 지중해 근방에서 나는 멸치류의 작은 물고기를 소금에 절여 발효시킨 후, 소스의 재료로 사용하는 것이다.

냄새에 대한 취향은 언어처럼 문화와 교육에 의해 학습되는 것이다.
그래서 어떤 나라에서 즐겨 먹는 음식이 다른 나라 사람들에게는 역겹게 느껴질 수도 있다.

식을 끔찍하게 생각한다.

음식 중에는 좋아하기 어려운 맛을 내는 것들이 가끔 있다. 그런 음식을 즐기려면 그 음식이 속한 문화에 길들여져야 한다. 만약 그렇지 않을 경우에는 그런 음식의 특이한 맛을 즐기기 위한 특별한 교육이 필요하다.

예를 들어 일본의 전통 음식인 나토는 콩을 발효시킨 것이다. 이 음식은 구린 냄새와 누런 색깔 때문에 뭔가 다른 걸(?) 연상시킨다. 하지만 일본 사람들은 프랑스 사람들이 타프나드*를 즐기듯이 나토의 진미를 즐긴다.

사람도 냄새로 말하고 싶어 하는가?

아이가 젖먹이일 때 부모들은 기저귀를 갈아 준다. 그리고 아이가 조금 더 자라면 옷을 갈아입힌다. 또 더 자라면, 몸에서 냄새가 나지 않게 구석구석 깨끗이 씻으라고 가르친다. 이처럼

● ● ●

타프나드 양각초 꽃봉오리, 검은 올리브, 으깬 멸치 등으로 만든 프로방스식 샐러드 드레싱이다.

아이들은 냄새와 관련된 예의범절을 교육받으며 자란다. 올바른 사회 생활을 위한 교육에서 후각은 언어와 마찬가지로 중요한 부분을 차지하기 때문이다.

인구가 늘어 인구 밀도가 높아지면서 사람들의 위생 관념도 발달해 왔다. 그래서일까? 사람들은 점점 더 다른 사람들의 냄새에 신경을 쓰고 있다. 우리가 누군가의 몸에서 냄새가 난다고 할 때 대부분은 향기가 아니라 불쾌한 냄새가 난다는 뜻이다.

공공 장소에서 풍기는 체취는 사람들을 불쾌하게 만든다. 따라서 현대인들은 사무실이나 백화점, 지하철과 같은 곳에서 체취를 풍기지 않는 것을 예의로 알고 있다. 결국 체취는 개인적인 공간에서만 허용될 수 있는 것이 되어 버렸다. 물론 거기서도 가족들에게 쫓겨나지 않는다는 보장이 있을 때만 그렇다. 그래서 요즘 사람들은 냄새를 풍기지 않기 위해 다양한 탈취제의 도움을 받기도 하고, 이런저런 향수를 뿌려 체취를 숨기기도 한다.

사냥을 하고 고기를 잡던 구석기 시대 사람들에게도 체취는 있었을 것이다. 사실 체취란 때와 장소를 가리지 않고 사람들에게 붙어 다닌다. 이런 체취를 없애기 위해 따뜻한 물로 목욕하고 향수까지 뿌리게 된 것은 20세기 초부터이다.

현대인들은 체취를 지나치게 싫어하고 부끄러워하며 밀어

내는 경향이 있다. 사실 생물학자의 관점에서 보면, 사람의 체취에는 나름대로의 기능이 있다. 다만 우리가 의식하지 못하고 있을 뿐이다.

여기서 말하는 체취의 기능이란 신호의 성격을 띠고 있다. 그것은 주로 생식과 관련된 신호이다.

예를 들어, 여성이 월경을 할 때 나는 좋지 않은 냄새는 생식 능력이 떨어진 상태임을 암묵적으로 알리는 것이다. 반면에 질 분비액이나 정액에서 나는 냄새는 우월한 생식 능력을 나타내는 것으로 이성에게 성적인 매력으로 작용한다. 그 외에도 특히 젊은 남성에게서 많이 나는 땀 냄새는 육체적인 건강함의 상징이다. 이 냄새는 그가 힘세고 강한 남성임을 알려 주는 신호이다.

체취의 기능에 대해 사회학적이라기보다 생물학적으로 좀 더 설득력이 있는 가설도다.

사람과 마찬가지로 포유류에 속하는 기린은 고약한 냄새가 나는 털을 가지고 있다. 특히 나이 든 수컷 기린이 풍기는 악취는 250미터나 떨어진 거리에서도 맡을 수 있다고 한다. "이게 무슨 냄새야?"라는 말이 절로 나오는 상황이다.

과연 그것은 무슨 냄새일까? 바로 기린의 기다란 목과 등에서 나는 냄새다. 목이나 등의 피부 분비샘에서 생기는 십여 가지의 화합물들이 그런 고약한 냄새를 풍겨 대는 것이다. 이 화합물들 속에는 우리에게 아주 친숙한 냄새(대변 냄새)를 풍기는 인돌과 3-메틸인돌도 포함되어 있다.

그런데 기린은 하필이면 왜 그런 냄새를 풍기는 것일까? 그 이유는 기린의 악취가 진드기와 기타 기생충을 쫓는 화학 무기가 되기 때문이다. 그렇다면 사람도 체취를 이용해 벼룩이나 사면발이˚ 같은 벌레를 쫓고 있는 것은 아닐까?

그런데 사람이 풍기는 대부분의 체취는 알고 보면 소화 기관이나 피부에 사는 공생 미생물, 즉 세균 때문에 생긴다. 가령 장에 있는 세균들은 메탄 가스를 만들어 낸다. 물론 세균의 먹이가 되는 숙변이 생기지 않게 그때그때 배변을 하면, 어느 정도는 메탄 가스가 차는 것을 막을 수 있다. 또 미세한 구멍을 가진 가루약을 먹는 방법도 있다. 이 약에 난 구멍들이 장내 가스를 흡수한다.

사람이 체취를 풍기는 또 하나의 원인은 땀이다. 공기 중에

●　●　●

사면발이　사람의 음모와 겨드랑이 털, 눈썹 등에 기생하면서 그 부근의 피부에서 피를 빠는 곤충이다. 사면발이에 감염되면 극심한 가려움을 느낀다. 난민촌이나 감옥과 같은 사람이 밀집된 비위생적인 환경에서 주로 나타나며, 그러한 환경에서는 성적인 접촉이 아니고도 쉽게 전염된다.

서 땀이 분해되어 날아가면서 우리의 콧속을 자극하는 것이다. 비누로 잘 씻기만 해도 시큼한 땀 냄새는 금방 사라진다. 그 밖에 겨드랑 분비샘의 분비물(지방질이므로 물에 녹지 않는다.)에서 자라는 세균들이 악취를 풍기게 한다. 시중에서 쉽게 구할 수 있는 데오도란트 제품을 사용하면 효과적으로 겨드랑이 냄새를 없앨 수 있다. 그것은 겨드랑이에서 나오는 분비물을 분해하고, 분비물을 만드는 세균들을 죽임으로써 냄새를 제거한다.

3

후각은 **개발**할 수 있는 능력인가?

냄새를 못 맡는 사람들도 있을까?

모든 냄새는 서로 다른 수많은 화합물들로 이루어져 있다. 그런데 이 화합물들 중 특정한 일부가 냄새의 특성을 지배할 수도 있다. 예를 들어, 소변 냄새의 주범은 스테로이드 계열에 속하는 콜레스테롤˚과 코르티솔,˚ 테스토스테론,˚ 안드로스테논이라는 분자이다.

● ● ●

콜레스테롤 고등 동물의 세포막을 이루는 주요한 성분 중 하나이다. 간에서 합성되거나 음식을 통해 섭취된다. 단 콜레스테롤이 혈관벽에 많이 들러붙으면 동맥 경화의 원인이 된다.

코르티솔 호르몬의 하나로 염증을 억제하는 역할을 한다. 스트레스를 받은 상태에서 지나치게 많이 분비되면 단백질을 혈당으로 변화시켜 몸에 해로운 영양을 끼친다.

안드로스테논이 사람에게만 있는 것은 아니다. 다른 동물들도 안드로스테논을 만들고 사용한다. 예를 들어 수퇘지는 암퇘지를 유인하기 위해 이것을 발산한다. 안드로스테논같이 이성을 유인하는 수단으로 쓰이는 화합물들을 통틀어 **성페로몬**˚이라고 부르기도 한다. 그런데 송로버섯도 수퇘지의 겨드랑이와 고환에서 나오는 것과 같은 안드로스테논을 내놓는다. 그런 까닭에 프랑스의 프로방스나 페리고르 지방에서는 암퇘지나 새끼 돼지, 혹은 사냥개에게 냄새를 맡아 송로버섯을 찾게 한다.

안드로스테논을 통해 우리는 서로 종이 다른 생물들 사이에서도 화학적인 의사소통을 하는 데 동일한 화합물을 이용한다는 사실을 알 수 있다. 수일리아 기간티아라는 학명을 가진 파리도 송로버섯 냄새에 이끌리는 것을 보면 그 사실은 한층 더 확실해진다. 수일리아 기간티아라는 송로버섯이 자라는 곳에서 늘 볼 수 있는 파리다. 그래서 송로버섯을 찾는 사람들은 그 파리를 쫓아 귀한 버섯이 숨겨져 있는 곳을 알아낸다.

● ● ●

테스토스테론 남성호르몬의 하나로 수염이 나거나 성 기관이 발달하는 데 필수적이다.
페로몬 동물이 동료들에게 어떤 행동을 일으키도록 하기 위해 방출하는 물질이다. 위험을 알리는 경보 페로몬과 이성을 꾀는 성페로몬 등이 있다.

그런데 사람의 경우에는 30~50퍼센트가 안드로스테논의 냄새를 맡지 못한다. 그리고 16퍼센트는 정액 냄새를 내는 성분 중 하나인 피롤린의 냄새에 무감각하다. 이처럼 특정한 냄새를 못 맡는 증상을 가리켜 **무후각증**이라고 한다. 후각적인 색맹, 즉 취맹이라고 말할 수 있다. 이런 증상은 콧속에 특정한 냄새 분자에 적합한 수용체를 가지고 있지 않기 때문에 생기는 것이다.

무후각증은 유전적인 요인일 수도 있고 병으로 인한 것일 수도 있다. 예컨대, 구리 중독에 따른 윌슨병*은 후각을 전반적으로 무감각하게 만든다. 하지만 냄새를 반복적으로 맡고 판별하는 방법을 훈련받으면 무후각증을 어느 정도는 고칠 수 있다.

최근 안드로스테논 무후각증에 관한 실험에서는 두 개의 콧구멍이 각기 다른 냄새를 맡고, 뇌에 후각적인 정보도 따로따로 보낸다는 사실이 확인되었다. 여하튼 안드로스테논을 통해 우리가 알 수 있는 두 번째 사실은 냄새 맡는 방법을 배울 수도 있다는 것이다.

● ● ●

윌슨병 체내에 구리와 결합하는 단백질이 모자라 몸속 각 기관에 구리가 쌓이는 병이다.

안드로스테논이 가르쳐 주는 세 번째 사실은, '왼손잡이 분자'냐 '오른손잡이 분자'냐에 따라 서로 다른 냄새를 낸다는 것이다.

파스퇴르⬤는 생물을 이루거나 또 생물이 만들어 내는 대부분의 분자(**유기 분자**⬤)는 왼손잡이 아니면 오른손잡이 둘 중 하나로 나뉜다고 했다. 왼손잡이 계열의 분자는 오른손잡이 계열의 분자가 거울에 비친 모습을 하고 있다. 마치 왼손이 거울에서는 오른손으로 보이는 것처럼 말이다. 그런데 자연계에는 오른손잡이 계열 분자와 왼손잡이 계열 분자가 절반씩 고루 섞여 있지 않다. 자연은 그때그때마다 임의적으로 어느 한쪽 계열 분자를 선택한다. 그 결과 당분은 오른손잡이 계열이고, 단백질을 이루는 아미노산⬤은 왼손잡이 계열이다.

⬤ ⬤ ⬤

루이 파스퇴르(1822~1895) 프랑스의 화학자, 생물학자로 미생물학의 아버지라고 불린다. 1861년에 부패나 발효가 미생물의 작용임을 증명하는 데 성공했다. 이후 유산균과 효모균을 발견하고 저온 살균법을 개발했다. 한편, 탄저병과 광견병의 백신을 개발하여 면역학의 창시자가 되었다.

유기 분자 탄소가 들어간 화합물이다. 탄소 원자들이 결합한 모양이나 탄소 원자와 결합한 다른 원자의 종류에 따라 다양한 유기 분자가 생긴다.

아미노산 단백질을 구성하는 기본 단위이다. 자연계에는 100개 이상의 아미노산이 있고, 생물체를 이루는 단백질을 합성하는 데 쓰이는 아미노산은 20가지 정도이다. 이들 가운데 10개는 인체 내에서 합성할 수 없으므로 음식물을 통해 섭취해야 하는 필수 영양분이다.

바지의 오른쪽 주머니에 왼손보다는 오른손을 집어넣기가 더 쉽듯이, 아미노산은 왼손잡이 계열이므로 단백질로 이루어진 아미노산 수용체는 왼쪽 계열이다. 주머니에 비교하면 왼쪽에 있는 주머니인 셈이다. 그리고 바지 주머니의 경우와 비슷하게 이 주머니에는 왼손잡이 계열 분자가 오른손잡이 계열 분자보다 더 잘 들어간다.

열쇠가 제 자물쇠에 들어맞듯이 냄새 분자는 자기한테 맞는 수용체에 들어맞는다는 이야기는 이미 앞에서 언급했다. 안드로스테논의 경우도 마찬가지다. 인위적으로 만든, 안드로스테논의 거울 속 쌍둥이 분자(광학 이성질체*)는 원래와 정반대 방향의 계열이 되기 때문에 수용체에 들어맞지 않는다. 게다가 정해진 수용체에 들어맞지 않는 분자가 다른 수용체에 들어맞을 가능성도 거의 없기 때문에 당연히 냄새가 나지 않게 된다. 요컨대, 안드로스테논 가운데 수용체에 잘 들어맞는 것은 소변 냄새가 나고(물론 그 냄새를 맡을 수 있는 사람들에게만 그렇다.) 들어맞지 않는 것은 아무런 냄새도 나지 않는다.

● ● ●

광학 이성질체 물리적 · 화학적 성질은 같으나 빛을 통과시키는 방향이 반대인 두 화합물을 말한다. 이 두 화합물은 서로 거울에 비춰진 모습을 하고 있다.

코끼리는 냄새로 말하는가?

인간의 후각에 대한 연구는 이제 겨우 시작 단계다.* 그래서 이번에는 코끼리에 대한 얘기를 잠깐 해 볼까 한다. 사람과는 달리, 동물을 대상으로 한 연구는 아무래도 좀 더 자유로운 편이다. 코끼리의 후각에 대해서는 상당히 많은 것이 밝혀진 상태다.

커다란 덩치를 가진 코끼리는 온순하면서도 사교적인 동물이다. 브루노프*가 '바바'라는 코끼리를 주인공으로 그림책을 쓴 것도 다 이런 이유 때문이다.

코끼리는 아프리카 코끼리든 아시아 코끼리든 군집 생활을

● ● ●

후각에 대한 연구 2004년 노벨 생리 의학상은 후각의 메커니즘을 연구한 리처드 악셀과 린다 벅에게 돌아갔다. 오랫동안 비밀에 싸여 있던 후각의 신비를 밝혀 낸 공로를 인정받은 것이다. 두 과학자는 어떻게 사람들이 라일락 꽃의 향기를 맡을 수 있고, 몇 년 후 이 향기를 다시 기억할 수 있는지를 정확하게 설명해 냈다. 이 책에서 나오는 냄새 수용체를 비롯한 후각에 관한 여러 내용들은 이런 최근 연구 결과에 토대를 두고 있다.

장 드 브루노프(1899~1937) 프랑스의 그림 동화 작가. 자녀들과 함께 그림책을 즐기고 싶은 순수한 마음으로 쓴 『코끼리 왕 바바』가 세계 여러 나라에서 인기를 끌었다. 브루노프의 바바 시리즈는 현대적인 그림책의 출발점이란 평가를 받고 있다.

한다. 이는 서로 의사소통을 하며 지낼 수 있다는 뜻이다. 사실 몇 톤이나 나가는 육중한 몸으로 힘껏 달리다가 아기 코끼리를 납작하게 밟지 않으려면 상대방에게 경고를 할 수 있는 시스템이 필요하다. 즉, 종의 생존에 해를 끼치지 않기 위해 구성원들끼리 공유할 수 있는 의사소통 수단이 있어야 한다.

코끼리는 울음소리를 비롯한 소리 신호 외에도 다양한 형태의 화학적 의사소통 수단을 가지고 있다. 우선, 곤충이 사용하는 것과 같은 냄새 분자를 성페로몬으로 종종 사용한다. 이 분자들은 수컷을 암컷 쪽으로, 혹은 암컷을 수컷 쪽으로 유인한다. 한쪽에서 화학 신호를 보내면, 다른 한쪽에서는 그 신호를 받아들이고 반응하는 것이다.

아시아 코끼리에게 냄새 신호로 작용하는 분자들 중에는 (Z)-7-도데센-1-일 아세테이트라는 분자가 있다. 이름이 너무 복잡하니까 여기서는 그냥 간단히 '지-아세테이트'라고 부르기로 하자. 어쨌든 다 자란 수컷 코끼리의 오줌에는 지-아세테이트가 들어 있으며, 드물긴 하지만 암컷의 오줌에서도 발견된다.

성적으로 성숙한 수컷 코끼리의 오줌에서 추출한 물질을 다른 수컷 코끼리의 코 앞에 놓으면, 이 코끼리는 흥분한다. 추출물에 지-아세테이트가 많이 들어 있을수록 흥분하는 정도도

커진다. 수컷 코끼리는 코에 그 추출물을 묻혔다가 입에 바른다. 그 이유는 곧 알게 될 것이다.

브루노프가 쓴 작품의 주인공인 바바는 결혼한 코끼리이다. 그의 부인, 셀레스트는 적극적인 성격이다. 사실 암컷 코끼리가 성적으로 적극적인 경우는 드물다.(암컷 코끼리의 생리 주기는 16주인데, 그중에 성적으로 민감해지는 시기는 1주일밖에 되지 않는다. 그리고 새끼를 낳고 다음 번 새끼를 또 낳기까지는 4~5년의 시간이 걸린다.) 그런데 배란이 되기 직전에는 암컷 코끼리도 성적으로 적극성을 띤다. 그리고 이 시기에 누는 오줌에는 지-아세테이트가 들어 있다. 이것은 아시아 코끼리에게서 확인된 사실이다. 하지만 아프리카 코끼리도 그럴 가능성이 다분하다.

브루노프의 작품에 나오는 바바를 포함한 모든 수컷 코끼리들은 다른 코끼리의 오줌에서 나는 냄새로 제 열정을 돋운다.(다른 수컷 코끼리의 오줌 냄새에 흥분했다고 해서 코끼리들이 동성애를 한다고 생각하면 오산이다.) 그래서 코를 오줌 구덩이에 처박기도 하고, 변죽이 좋은 녀석은 암컷의 오줌 냄새를 맡으러 쫓아다니기도 한다. 그러고는 냄새에 대한 수용체가 있는 입 근처에 그 오줌을 바른다.

그럼 이제 코끼리들이 이처럼 오줌 냄새를 즐기는 행위를 화학적으로 설명해 보겠다. 수컷 코끼리의 코에는 레몬주스나 식초처럼 산성을 띤 점액이 있다. 오줌이 점액에 닿으면 산성화 반응이 일어난다. 그리고 이 과정에서 페로몬을 실어 나르는 단백질에 묶여 있던 오줌 내의 지-아세테이트가 풀려난다. 그런데 수컷 코끼리의 코에 있는 점액은 지-아세테이트를 흡착하는 단백질을 포함하고 있다. 그래서 이 점액이 바로 지-아세테이트를 붙잡아 놓는 역할을 한다. 그런데 이 단백질은 지-아세테이트 분자를 붙잡는 역할만 하는 게 아니라, 그 분자를 아주 천천히 다시 풀어 놓는 역할도 한다. 그렇게 해서 바바는 셀레스트가 준 기분 좋은 화학 정보를 여유 있게 즐기게 되는 것이다.

아이들을 위한 동화의 주인공들은 잠시 퇴장시키고, 이제 진짜 생물학적인 이야기로 돌아가 보자. 다 자란 암컷 코끼리는 무리를 지어 살아간다. 이들은 대개 그 무리를 지배하는 한 마리의 암컷을 중심으로 여러 세대가 함께 모여 모계 사회를 이루고 있다. 반면에, 다 자란 수컷 코끼리는 짝짓기 기간을 제외하고는 혼자 돌아다니거나 다른 수컷들과 어울려 돌아다닌다.

수컷 코끼리는 매년 발정기를 맞는다. 그리고 이 시기에 수컷 코끼리의 혈액과 오줌 그리고 관자놀이에서 나오는 분비물에는 테스토스테론이 많아진다. 그 결과 발정 난 수컷 코끼리는 공격적으로 변해 주변의 다른 모든 수컷들, 심지어 자기보다 더 힘이 센 수컷들에게까지 싸움을 건다. 그래서 강한 수컷들도 이들이 다가오면 피해 버리는 경우가 종종 있다. 하지만 아무래도 암컷은 발정기에 들어간 수컷과 함께 있는 것을 더 좋아한다.

그런데 바바의 부인인 셀레스트는 자신의 오줌이나 생식기 냄새를 맡으러 쫓아다니는 남편에게 이렇게 투덜거릴지도 모른다.

"이게 무슨 냄새야?"

사실 발정기에 들어간 바바와 같은 수컷 코끼리는 엄청나게 고약한 냄새를 풍긴다. 이때 수컷 코끼리 한 마리가 풍기는 악취는 수컷 염소 천 마리가 내뿜는 냄새에 버금간다고 한다. 이런 악취는 앞에서 말했듯이 관자놀이에서 나오는 분비물로 인한 것이다. 이 분비물 안에는 오줌에서 볼 수 있는 케톤* 계열의 화합물이 많이 들어 있다. 그런데 분비물의 고약한 냄새는 코끼리가 발정기 중인지, 아니면 그 전인지 후인지에 따라 발

● ● ●

케톤 탄소와 산소가 결합한 카르보닐기를 가진 유기 화합물이다. 가장 단순한 케톤 계열 화합물은 아세톤이다.

새끼 코끼리들은 암컷을 향해 돌진하는 수컷의 악취를 맡고 몸을 피한다.
코끼리들 사이에서 냄새는 화학적 의사소통의 수단으로 작용한다.

산되는 정도가 달라진다.

성적으로 성숙하지 못한 수컷 코끼리는 케톤을 분비하지 않는다. 그 대신 산과 **에스테르**˚로 이루어진 다른 화합물을 분비한다. 이 화합물은 냄새가 독하지 않다. 달콤한 꿀과 비슷한 냄새가 난다고 하는 사람도 있기도 하다.

화학적 메시지는 받는 쪽에게도 도움이 된다. 암컷을 쫓느라 정신이 없는 수컷에게 어린 코끼리가 깔리지 않고 도망갈 수 있는 것도 냄새 분자가 전달하는 화학적 메시지 덕분이다. 또 수컷 코끼리가 한창 젊은 코끼리와 싸우지 않는 것도 모두 화학적 메시지를 받을 수 있기 때문이다.

언어가 발달해서 후각이 퇴화한 걸까?

코끼리를 비롯해 많은 포유류의 코에는 **보습코 기관**˚이라는 보조 장치가 있다. 그리고 이 보조 장치는 성페로몬 수용체를

● ● ●

에스테르 산과 알코올의 결합으로 생기는 화합물이다. 산이나 알코올보다 휘발성이 더 크다.

가지고 있다. 보습코 기관은 콧구멍 앞쪽 바닥에 있는데, 담배 2개비를 붙여 놓은 듯한 모양이다. 이 기관의 오목한 부위에는 코의 후각 수용체와 비슷한 수용체가 있다. 이 수용체가 있는 냄새 감각 세포들은 축색돌기를 통해 뇌 후각구의 꼬리 부분과 연결되어 있다.

코끼리의 경우에는 새끼 때부터 보습코 기관이 제 기능을 한다. 하지만 사람의 보습코 기관은 그 흔적만 남아 있다. 물론 태아가 자라는 동안에는 현미경으로 이 기관을 관찰할 수 있다. 하지만 태어난 후에는 사라진다고 보아야 한다.

일부 성인의 경우에는 콧구멍을 좌우로 나누는 격막 앞부분에서 보습코 기관의 흔적이 뚜렷이 보이기도 한다. 하지만 다른 포유류에서 볼 수 있는 것과 같은 시스템을 갖추고 있지는 않다. 따라서 이 기관의 상피 세포에는 뇌와 연결되는 신경도 분포되어 있지 않다. 인류는 보습코 기관을 잃어버린 것이다.

그렇다면 인류가 보습코 기관의 기능을 잃어버린 이유는 무

● ● ●

보습코 기관 코와 입천장 사이에 있는 기관이다. 동물은 페로몬 냄새를 맡을 때 이 기관을 사용한다고 한다. 그런데 2005년에 하버드 대학교 분자 생물학과 박사 과정생인 윤하나 씨는 동물이 후각 상피 세포를 이용해서도 페로몬 냄새를 맡는다는 사실을 밝혀냈다.

엇일까? 그 정확한 답은 알 수 없다. 사람의 경우에 보습코 기관의 기능을 다른 방법으로 대체할 수 있기 때문으로 추측할 뿐이다.

사실 인간에게는 뛰어난 언어적 의사소통이라는 방법이 있지 않은가? 말로 하면 간단한데 왜 굳이 냄새를 내뿜고, 또 그 냄새를 어렵게 찾아서 맡아야 한단 말인가? 인류에게는 냄새보다 확실한 언어가 있었다. 그래서 인간이 영장류에서 인류로 진화하는 과정에서 후각 기능은 점점 더 약화될 수밖에 없었던 것이다.

4

인간도 냄새에
지배되는가?

냄새는 은밀한 유혹의 언어인가?

인간은 냄새를 풍겨 성적 매력을 발산하지 않을까? 인간도 코끼리나 다른 많은 동물과 마찬가지로 냄새로 의사소통을 하기도 한다. 물론 그런 소통의 과정이나 원리는 아직까지도 신비로운 영역으로 남아 있다. 새롭게 밝혀지는 여러 가지 사실들이 그 신비를 조금씩 벗기고 있기는 하지만 말이다.

'기숙사 효과'라는 말이 있다. 1971년 미국의 맥클린톡●은 여성들이 단체로 생활할 경우(기숙사, 감옥, 수녀원 등) 서로 생

●●●

마사 매클린톡 시카고 대학교 심리학부 교수이다. 호르몬과 행동의 상호 작용을 연구했고, 우리가 이성에게 끌릴 때 후각이 매우 중요한 작용을 한다는 사실을 밝혔다.

리 주기가 비슷해진다는 사실을 알아냈다. 맥클린톡은 여성의 겨드랑이 분비물을 채취한 다음, 그것을 다른 여성의 윗입술에 발라 주는 실험을 하였다. 그 결과 분비물을 바른 여성의 생리 주기가 분비물의 원래 주인인 여성의 주기와 비슷해졌다. 또 배란 직전에 있는 다른 여성의 분비물 냄새를 맡은 여성은 배란 시기가 앞당겨졌다. 반면에, 배란기에 있는(이미 배란을 끝낸) 여성의 분비물 냄새를 맡은 여성은 배란 시기가 늦추어졌다. 즉, 배란이 곧 일어날 여성을 따라 자신도 배란을 일찍 하거나, 배란을 끝낸 여성을 따라 배란을 늦춰 결국 주기가 서로 비슷해진 것이다.

한편, 생리 주기가 정상적인 경우에 비해 짧거나(26일 미만) 긴(33일 이상) 여성의 윗입술에 남성의 겨드랑이 분비물을 바르는 실험도 했다. 그 결과 여성의 생리 주기에 변화가 일어나기 시작했다. 결국 3개월간 분비물을 바른 여성의 생리 주기는 29일 반이라는 최적의 기간으로 조정되었다.

또 남성의 겨드랑이 분비물은 이성애자이면서도 성적으로 적극적인 여성들의 성욕을 자극하는 최음 효과를 보였다. 이 여성들은 보통의 여성이 그 분비물을 발랐을 때보다 더욱 성적으로 흥분했으며 평소보다 더 자주 성 관계를 가지려 했다.

향수는 어떻게 만들어질까?

"이게 무슨 냄새야?"

크노의 소설에서 소녀가 던진 이 질문의 답은 무엇이었을까? 그것은 삼촌이 잔뜩 뿌린 진한 향수 냄새였다. 앞에서도 말했지만, 사람의 성생활은 화학적 메시지에 영향을 받는다. 따라서 꽃이 벌을 유인할 때 향기를 내뿜는 것처럼 사람도 냄새를 이용해 이성을 유혹할 수 있다. 소녀의 삼촌이 풍기는 진한 향수 냄새 역시 이성에 대한 성적 매력을 보충하기 위한 수단인 셈이다.

그렇다면 향수는 어떻게 만드는 것일까? 카샤렐 사에서 나온 '아나이스 아나이스'라는 향수를 예로 들어 보자. 이 향수에서는 진하고 화사한 꽃향기가 진동을 하는데, **중심 테마**는 은방울꽃 향기다.(중심 테마라는 용어는 원래 음악에서 사용되는 것이다. 가령 협주곡이나 교향곡은 중심 테마가 정해져 있어, 곡 전체가 그 테마와 정교한 조화를 이루며 진행된다.) 그리고 보조 테마로는 백단˙향과 쇠풀˙향을 기본으로 재스민 향, 월하˙

• • •

백단 목재의 줄기와 뿌리 부분에서 향기가 난다. 향료, 약품, 조각품 등에 쓰인다.

향, 장미 향, 일랑일랑* 향, 헬리오트로프* 향 등이 약간씩 더해져 있다.

향수의 **탑 노트**, 즉 향수를 뿌리고 나서 5분 이내에 맡을 수 있는 첫 향기는 향수의 성분 중 가장 빨리 증발하는 분자에 따라 달라진다. 아나이스 아나이스를 뿌리면 처음에는 베르가모트 향과 함께, 복숭아와 파인애플 향이 약간 난다. 그리고 이런 화사한 꽃향기 뒤로 신선한 풀이나 초록색 나뭇잎이 스치고 간 듯한 싱그러운 향이 깔린다.

재스민 향은 향수를 만들 때 자주 쓰인다. 그렇다면 재스민 향이 나게 하는 분자들은 어떤 것일까?

보통 우리가 꽃을 증류시켜 얻을 수 있는 향유 성분은 300가지가 넘는다. 이들 중 제일 중요한 성분은 에스테르 계열의 벤질 알코올과 벤질 아세테이트, 케톤 계열의 시스 재스몬이다. 이 세 가지 분자가 재스민 향에서 과일 냄새가 나게 한다. 그리

● ● ●

쇠풀 한국이 원산지인 풀로 땅속줄기와 뿌리에서 좋은 향이 난다.
월하 수선화과에 속하는 꽃으로 향기가 강하다.
일랑일랑 열대에서 자라는 수목이다. 말레이어로 '꽃 중의 꽃'을 뜻하는 '아랑아랑'에서 그 이름이 유래되었다.
헬리오트로프 페루를 원산지로 하는 식물이다. 짙은 자주색 꽃에서 강하고 독특한 향기가 난다.

고 재스민 향에서 꽃 냄새가 나는 것은 파네졸과 리날로올이라는 이름의 알코올 때문이다.

그런데 재스민 향에는 사람을 취하게 하는 듯한 자극적인 냄새도 섞여 있다. 이는 재스민 향에 들어 있는 마취성이 있는 성분 때문이다. 사향 냄새가 나는 화합물에서 볼 수 있는 질소 계열의 인돌과 에스테르 계열의 메틸 안트라닐레이트가 바로 그런 성분이다.

이번에는 재스민 향에서 꽃 냄새가 나게 하는 리날로올에 초점을 맞추어 보자. 리날로올의 '올'이라는 접미사는 화학적으로 알코올 계열임을 뜻한다. 2001년에 미국에서만 5000만 유로를 벌어들였다는 향수계의 챔피언, '샤넬 No.5'에도 리날로올이 들어 있다.

그럼 리날로올은 어디에서 구할 수 있을까? 이 향은 아마존 장미의 일종인 야생 장미를 증류시켜 만든 향유에 특히 많다.(86퍼센트) 그런데 향유 한 통을 얻으려면 이 장미 나무가 50그루나 필요하다. 향수 업계가 이 나무의 씨를 말리고 있는 셈이다. 그런데 바질*을 증류시켜 얻은 향유에서도 리날로올

● ● ●

바질 이집트가 원산지인 식물로 잎과 꽃에서 달콤하면서도 싸한 민트 향이 난다.

을 분리할 수 있다. 함유량은 떨어지지만(30퍼센트) 다행히도 바질은 재배가 용이하다.

재스민과 월하 향 향유가 주성분인 샤넬 No.5는 1922년 에르네스트 보*가 만들었다. 에르네스트 보는 대담한 혁신가로, 샤넬 No.5를 통해 알데하이드 계열*의 풍부한 향을 향수 업계에 처음으로 도입했다. 그는 향수 업계의 선구자답게, 좋지 않은 냄새가 나는 물질을 일부러 향수에 넣는 시도까지 해 보았다. 특히 사향 고양이가 포식 동물을 쫓기 위해 내뿜는 물질까지 사용했다. 그런 덕분에 이런 물질들도 아주 적은 양을 사용하면 묘한 매력을 가진 향기로 탈바꿈한다는 놀라운 사실을 알아낸 것이다.

● ● ● ●

에르네스트 보(1883~1961) 러시아 출신의 조향사이다. 에르네스트 보는 디자이너 샤넬의 주문으로 몇 가지 향수를 만들었다. 그런데 그가 만든 샘플 중에서 다섯 번째 병에 들어 있던 것이 바로 샤넬이 원하던 향이었다. '샤넬 No.5'라는 향수 이름은 그렇게 붙여진 것이다.
알데하이드 계열 향수 플로랄 향을 기본으로 하여 유기 화합물인 알데하이드 향을 더한 것이다. 알데하이드는 탄소, 수소, 산소 원자가 결합한 형태로 천연 또는 인공으로 얻을 수 있다. 확산성이 매우 강하다.

냄새에 끌려갈 것인가, 즐길 것인가?

"이게 무슨 냄새야?"

크노의 소설에 나오는 이 한마디는 새로운 세계를 향한 문을 두드리는 신호다. 그런데 이처럼 후각이 제기하는 질문들 중 몇 가지는 아직도 그 답을 찾지 못하고 있다.

이를테면, 다음과 같은 질문들은 우리에게 끝없는 궁금증을 자아낸다. 과연 냄새와 관련된 보편적인 암호가 있을까? 꽃이나 곤충, 그리고 코끼리가 동일한 물질에 반응을 보이는 것은 그저 우연에 지나지 않는 것일까? 파리와 돼지가 같은 냄새에 끌리는 이유는 무엇일까? 꽃이 곤충을 유인할 때 사용하는 물질을 우리가 화장품과 향수에 넣어 즐기는 이유는 무엇일까?

우리가 신기하게 여기는 이 모든 사실은 결국 한 가지 결론에 이른다. 곧 생물들이 화학적 메시지를 주고받을 때 같은 물질을 서로 비슷한 의미로 사용한다는 것이다. 앞에서 보았듯이, 하나의 냄새나 향에도 셀 수 없이 많은 성분들이 들어 있다. 하지만 생물들은 그 많은 성분들 중에서 굳이 하나의 물질을 같은 의미로 공유한다.

인간의 욕구는 지극히 단순한 것에서부터 아주 세련된 것에 이르기까지 다양하다. 하지만 그 어떤 욕구도 특정한 냄새가 불러일으키는 본능적인 충동으로부터 자유롭지 못하다. 향신료, 향수, 포도주 등과 같은 사치 산업에서 이용하는 것이 바로 그런 인간의 욕구이다. 인간은 코끝이 가는 대로 따라가기 때문이다. 그런데 우리는 언제나 그렇게 끌려가기만 하는 존재일까?

그렇지는 않을 것이다. 아주 어릴 때부터 냄새의 언어를 익히면 그 능력에 확신이 생긴다고 한다. 이 말은 우리가 후각이 이끄는 대로 끌려가기도 하지만, 원하는 대로 후각을 단련시킬 수도 있다는 뜻이다. 어느 쪽을 선택하느냐는 각자에게 달려 있는 것이다.

더 읽어 볼 책들

- 박중곤 지음, 『한국의 향기 문화』(가야미디어, 1999).

- 송인갑 지음, 『향수, 영혼의 예술』(디자인하우스, 1998).

- 조성준 지음, 『향기 치료의 기적』(우석출판사, 2000).

- 챈들러 버, 강미경 옮김, 『향기에 취한 과학자(루카 투린)』(지식의숲, 2005).

- 콘스탄스 클라센 외, 김진옥 옮김, 『아로마-냄새의 문화사』(현실문화연구, 2002).

- 피트 브론 외, 이인철 옮김, 『냄새, 그 은밀한 유혹』(까치글방, 2000).

옮긴이 | 김성희

부산대 불어교육과 및 동대학원을 졸업했으며 현재 전문 번역가로 활동 중이다.

민음 바칼로레아 32

냄새란 무엇인가?

2판 1쇄 찍음 2021년 3월 18일
2판 1쇄 펴냄 2021년 3월 30일

1판 1쇄 펴냄 2006년 6월 28일

지은이 | 피에르 라즐로
감수자 | 부경생
옮긴이 | 김성희
발행인 | 박근섭
펴낸곳 | ㈜민음인

출판등록 | 2009. 10. 8 (제2009-000273호)
주소 | 06027 서울 강남구 도산대로 1길 62 강남출판문화센터 5층
전화 | 영업부 515-2000 **편집부** 3446-8774 **팩시밀리** 515-2007
홈페이지 | minumin.minumsa.com

도서 파본 등의 이유로 반송이 필요할 경우에는 구매처에서 교환하시고
출판사 교환이 필요할 경우에는 아래 주소로 반송 사유를 적어 도서와 함께 보내주세요.
06027 서울 강남구 도산대로 1길 62 강남출판문화센터 6층 민음인 마케팅부

한국어판 © ㈜민음인, 2006. Printed in Seoul, Korea
ISBN 979 11-5888-794-0 04000
ISBN 979 11-5888-823-7 04000(set)

㈜민음인은 민음사 출판 그룹의 자회사입니다.